少年口才

藏在嘴巴里的刀子

主动打开话匣子

时间岛图书研发中心◎编绘

北京时代华文书局

图书在版编目（CIP）数据

少年口才班. 藏在嘴巴里的刀子 / 时间岛图书研发中心编绘. -- 北京：北京时代华文书局，2021.6
ISBN 978-7-5699-4197-5

Ⅰ．①少… Ⅱ．①时… Ⅲ．①口才学－少儿读物 Ⅳ．① H019-49

中国版本图书馆CIP数据核字（2021）第114100号

少年口才班　藏在嘴巴里的刀子
SHAONIAN KOUCAIBAN CANGZAI ZUIBALI DE DAOZI

编 绘 者 ｜ 时间岛图书研发中心

出 版 人 ｜ 陈　涛
选题策划 ｜ 郄亚威
责任编辑 ｜ 石乃月
封面设计 ｜ 王淑聪
责任印制 ｜ 刘　银

出版发行 ｜ 北京时代华文书局 http://www.bjsdsj.com.cn
　　　　　北京市东城区安定门外大街138号皇城国际大厦A座8楼
　　　　　邮编：100011　电话：010-64267955　64267677
印　　刷 ｜ 唐山富达印务有限公司　电话：022-69381830
　　　　　（如发现印装质量问题，请与印刷厂联系调换）
开　　本 ｜ 787mm×1092mm　1/32　印　张 ｜ 1.5　字　数 ｜ 16千字
版　　次 ｜ 2021年6月第1版　印　次 ｜ 2021年6月第1次印刷
书　　号 ｜ ISBN 978-7-5699-4197-5
定　　价 ｜ 160.00元（全10册）

版权所有，侵权必究

顺畅交谈
心与心相通

- 扔掉不良**口头禅**
- **有问有答** 礼尚往来
- 主动打开**话匣子**
- 寻找共同话题 **顺畅交谈**
- 说到点子上 **不要贫嘴**

主人公登场

夏小佐

个人简介

不太守规矩，酷爱新鲜事物，任何场合都能玩得很嗨的夏小佐

夏小佑

个人简介

成绩超好，举止优雅，爱帮助别人的暖心小女孩夏小佑

贾博

个人简介

喜欢认识新朋友，口才一级棒，有时候却粗心大意到让人抓狂的贾博

米娜

个人简介

爱吃草莓，胆子小，说话温柔，爱哭又爱笑的米娜

柏丽尔

个人简介

喜欢扎马尾辫，热爱小动物的高个子女生柏丽尔

小佐妈妈

个人简介

注重形象，做得一手好菜，却害怕猫的小佐妈妈

小佐爸爸

个人简介

慢条斯理，经常挨妈妈批评的小佐爸爸

曹老师

个人简介

有学问又有耐心，非常了解孩子的班主任曹老师

苗校长

个人简介

和蔼可亲，又不失幽默风趣的胖胖的苗校长

目 录 MULU

故事 1 生日快乐　　001
主演
客串

故事 2 藏在嘴巴里的刀子　　010
主演
客串

故事 3　永远的好朋友　018

主演

故事 4　冷冰冰的大石头　025

主演

客串

故事 5　一项光荣而又艰巨的任务　033

主演

客串

唯有与他人顺畅沟通，才能更进一步建立彼此间的融洽关系，心与心之间才能更贴近，从而让友谊更加深厚。

俗话说：会说的人说得人笑，不会说的人说得人跳。我们要用心表达，把话说得恰到好处，才能收到最佳效果。

故事 1

生日快乐

今天是柏丽尔的生日，放学后她对夏小佑说："晚上你来我家吃饭吧。我妈妈做的生日蛋糕好吃极了。"

夏小佑犹豫不决，因为她之前从来没单独在同学家吃过饭，而且她和柏丽尔的爸爸妈妈不是很熟悉。这时，夏小佐调皮地说："柏丽尔，你应该邀请我一起去，没有我做伴，我妹妹是不会去的。"

"我看你是想吃蛋糕吧,"柏丽尔笑着说,"好吧,夏小佐,夏小佑,你们晚上6点准时来呀!"

"没问题,不过我们得先回去请示一下爸爸妈妈。"回家以后,他们将这个消息告诉了爸爸妈妈,爸爸妈妈非常愿意让兄妹俩多交几个好朋友,并且柏丽尔家离得也不远,便同意了。

晚上6点,夏小佐和夏小佑准时来到柏丽尔家。一进门,他们立刻就傻眼了,屋子里有三个小朋友,他们一个也不认识。

"这是我小时候的玩伴,这是我的邻居,这是我表哥。

"这是我现在的好朋友夏小佐、夏小佑。"

柏丽尔热情地为大家做了介绍。

夏小佐冲夏小佑吐吐舌头，小声说："我还以为都是咱们班的同学呢。"

"我也是。"夏小佑说，"怎么办？好尴尬呀！"

"我也不知道。"夏小佐无奈地耸耸肩膀。

而另外三个小朋友，之前也没有见过面，彼此之间都很陌生。他们全都低着头，一句话也不说。

"蛋糕来喽！"柏丽尔的爸爸拿来一个双层的彩虹蛋糕。柏丽尔的妈妈准备了一大桌子美味佳肴，热情地说："孩子们，别拘束，快点儿吃吧！"

"嗯,谢谢阿姨。"

小朋友们礼貌地拿起刀叉,觉得非常不自在。屋子里的气氛冷冷清清的,一点儿也不热闹。

"怎么了?你们看起来不是很开心呀?"柏丽尔发现了异样,皱着眉看着朋友们。

"没事,没事。"大伙儿尴尬地摇摇头,又不说话了。现场的气氛降到了冰点,连柏丽尔也跟着不自在起来。

夏小佐心想:"今天是柏丽尔的生日,要热热闹闹才行,不能一直这么冷清。"想到这里,他主动抬起头微笑着对身边的小女孩说:"你好,我叫夏小佐。我还有个妹妹。我喜欢看动画片,你喜欢什么?"

"我叫毛毛,我也有个妹妹。我喜欢唱歌、画画,还有……和柏丽尔姐姐一起玩。"小女孩大方地说。

夏小佐又问对面的小男孩："你喜欢踢足球吗？"

"喜欢，我还会打羽毛球呢。"

小男孩也打开了话匣子。

用这样的方式，夏小佐很快就和那三位小朋友熟悉了起来。这时，夏小佐举起果汁，站起来大声说："叔叔阿姨，好朋友们，我们一起祝柏丽尔生日快乐。""**生日快乐！**"大家一起说完这句话，彼此之间的关系好像一下子就拉近了。

夏小佐像一只快乐的小鸟，一会儿跟柏丽尔

的爸爸妈妈聊天，一会儿和新认识的朋友说话，把现场的气氛都带动了起来。柏丽尔和夏小佑也慢慢加入进来。一顿饭的工夫，他们就成了好朋友。吃饱以后，大家又在一起玩了游戏，玩得可高兴了。

　　生日聚会结束以后，天已经黑了。妈妈来接小佐和小佑回家，柏丽尔的妈妈说："小佐是个开心果，给我们带来了很多欢乐。"夏小佐听了，得意极了。柏丽尔的爸爸说："真得感谢你家小佐，如果不是他打破尴尬冷场的局面，柏丽尔这个生日恐怕都过不好了。"

"是啊！这个孩子口才不错，到哪里都能受到欢迎。"柏丽尔的妈妈补充道。

晚上8点，孩子们都各自回家了。夏小佑自豪地说："今天哥哥表现得可好了，柏丽尔的爸爸妈妈还特意感谢他了呢！"

"嗯，夏小佐这一点像我。"

"才不像你呢，像我！"

"像我！"

爸爸妈妈叉着腰争相邀功，夏小佐和夏小佑笑弯了腰。

老师说

和陌生人或者不熟悉的人相处时，大家都会有些不自在。其实，遇到这种情况，大可不必担心，要试着主动去交流，你会发现气氛一下就变得不一样了。如果你不喜欢当着很多陌生人说话，可以先和其中一个单独交流。这样就会容易得多，而且自己也不会感到孤独了。

故事 2

藏在嘴巴里的刀子

课间的时候,柏丽尔有一道数学题不会做,就向米娜请教。米娜还没来得及开口说话,贾博凑过来,说:"你傻呀,这么简单的题都不会。"

"嘿,我没招你没惹你,你怎么这样说话?"柏丽尔满脸不高兴,连请教的心思都没了。

米娜和夏小佑去厕所,两个人在路上聊得热火朝天。这时,夏小佐突然从身后冲出来,做了

个鬼脸，说："闭嘴吧你！"说完，他嘻嘻地笑着撒腿跑进了男厕所。

"他在说谁？"

"不知道，莫名其妙的。"

米娜和夏小佑大眼瞪小眼，不知道为什么夏小佐会没头没脑地冒出这么一句话，但她们心里很不舒服。随后，她们发现了一件怪事：从厕所到教室这段路上，很多男孩子都在说口头禅，而且都是让人听了很不舒服的口头禅，比如"**拉倒**

吧！""你懂个屁！"之类。

"为什么男孩子突然喜欢说口头禅了？"米娜觉得很奇怪。

恰好，夏小佐走过来了。夏小佑一把拉住他问："你的口头禅是从哪里学来的？"

"嘿嘿，从一本漫画书上。"夏小佐说。

夏小佑和米娜恍然大悟。最近有一套漫画书在同学们中间非常流行，这套漫画书的内容深受男孩子们的喜爱。就连夏小佐这种不爱读书的人，都被迷得神魂颠倒，晚上偷偷在被窝里看呢！而那本漫画书上的人物喜欢说口头禅，男孩子们觉得这样说话非常酷，就把口头禅都学了过来。

夏小佑不喜欢这样的口头禅，也不愿意让哥哥说。她郑重地对夏小佐说："你们说的那些口头禅不但一点儿也不酷，反而非常难听。它们就像藏在嘴巴里的刀子，让听到的人心里十分不舒服，你以后还是不要说了。"

"**小题大做**，不就是一句口头禅嘛，怎么会变成刀子呢？女孩子真麻烦。"夏小佐满不在乎，依然我行我素。

下一节课是夏小佐最喜欢的体育课。他摩拳擦掌，要和贾博来一场足球比赛。"**旋风无影脚！**"

夏小佐飞起一脚,把球踢上了天。球在空中旋转着,落到了操场外边。他没当回事,乐颠颠地去捡球。谁知,贾博突然来了一句:"夏小佐,你傻呀!怎么把球踢那么远?"

夏小佐突然愣在原地,心里就像被什么东西扎了一下,难受极了。他终于明白为什么夏小佑说那些口头禅是刀子了。

"贾博,我们还是不要说漫画上的口头禅了。"夏小佐一本正经地说,"这些口头禅真的像刀子一样,会让人受伤的。"

"真的吗?我觉得没有那么……"

贾博刚说到一半,夏小佐打断了他,说:"闭嘴吧你。"

"啊?"贾博愣愣地看着夏小佐,过了一会儿才反应过来,"刚才你说的这句话真的让我心里疼了一下。看来，这些口头禅真的很有杀伤力，以后我们再也不要说了。"

"对，不光我们自己不说，我们还要告诉学校里所有的男同学，都不要说口头禅了。"

可是用什么样的方式，才能引起大家的注意呢？

夏小佐想到一个主意，班会的时候，他和贾博把说口头禅的事编成了小品。他们的表演把全班同学逗得哈哈大笑，同时，大家也意识到有些口头禅很粗鲁，没礼貌，不能随便说。

"校长和老师们也发现了男孩子们乱用口头禅的问题，正想在学校里展开一场'讲文明，懂礼貌，禁止粗鲁口头禅'的活动呢，你们这个小品演得正是时候。"曹老师把小品录下来，发给了校长。校长看了以后，对夏小佐和贾博赞不绝口，立刻把小品发布到学校的公众号上，让全校的老师和学生观看，结果你猜怎么样？从那以后，学校里说口头禅的同学越来越少。没多久，大家都把那些口头禅忘得一干二净了。

曹老师逢人便夸："这都是我们班夏小佐和贾博的功劳……"

女孩子们也非常感激他们，因为她们再也不用忍受男孩子们粗鲁无礼的口头禅了。

老师说

　　有些人说话的时候，习惯使用口头禅。有些口头禅是非常积极的，比如"加油！""太棒了！"，这种口头禅可以鼓励别人，是非常讨人喜欢的。然而，有些口头禅非常粗鲁、不礼貌，是绝对不能说的。

故事 3

永远的好朋友

夏小佐和贾博能成为好朋友，除了是同学和邻居，还有一个非常重要的原因：他们都喜欢踢足球。放学没事的时候，他们都要到广场上去踢一会儿。

今天放学后，夏小佐提醒贾博："别忘了一会儿下来踢足球啊！我在广场上等你。"

"算了吧，今天我不想踢球。"贾博垂头丧气，提不起兴趣。

"为什么?"夏小佐吃惊地说,"是不是因为昨天输给我了,不敢来踢了?没关系,你叫我一声师傅,我免费教你踢球,我可是这一带著名的足球小将啊!"

看贾博还是闷着头不说话,夏小佐又接着说:"不用不好意思,谁让我比你踢得好呢!"

贾博的脸色越来越难看,夏小佑赶紧打断夏小佐:"别耍贫嘴了,贾博不想踢球肯定是有原因的。你不要再烦他了。"

"能有什么原因?腿受伤了?"夏小佐绕着贾博转了一圈,阴阳怪气地说,"脚没崴,腿也没瘸,

看起来没什么不一样嘛！那就是脚丫子太臭了。"他像一只惹人讨厌的苍蝇似的，说个没完没了。

贾博实在忍不住了，大喊了一声："别闹，我烦着呢！"就气呼呼地往前走了。

"嘿，脾气还不小！"夏小佐碰了一鼻子灰，心里很不是滋味儿。

"哥哥，耍贫嘴真的很烦人啊！"夏小佑无奈地叹了口气，追上贾博说，"你是不是在为明天的考试担心呢？"

"嗯，"贾博点点头停了下来，说，"我还没有准备好。要是考砸了，爸爸妈妈一定会很伤心。"

"不会的，你最近学习挺努力的，老师还经常表扬你呢。只要你认真点儿，**一定能考好！**"

"**真的吗？**"贾博睁大眼睛看着夏小佑，眼睛里闪闪发光。

夏小佑举起拳头，笑盈盈地说："**加油！**"

"**加油！**"贾博脸上露出了灿烂的笑容，话匣子也打开了。他和夏小佑一边走一边热火朝天地聊着,把夏小佐忘得一干二净。

"哎!你们两个怎么回事?贾博,你不是我的好朋友吗?怎么和我妹妹聊到一起去了?等等我!"

夏小佐气嘟嘟地追上去挡在贾博前面,毫不客气地问:"刚才我跟你说话,你爱搭不理的。为什么却和我妹妹说得这么开心?你必须给我一个理由。"

"这还不简单嘛,"贾博说,"明明知道我心烦,你还在不停地耍贫嘴,真是让人烦透了。而人家夏小佑虽然说得不多,但一句话就说到我心里去了。所以,我才愿意和她聊天啊!"

听着贾博的话,夏小佐的脸变成了天边的夕阳,红彤彤的。他不好意思地说:"我是想哄你高兴嘛。"

"我知道你是好心,可是你绕来绕去却没有一句话说到点子上。你说得越多,我就越心烦。"

"那……"夏小佐怯生生地问,"我们还是好朋友吗?"

"当然,"贾博笑嘻嘻地说,"虽然你有时候很烦人,但我们永远都是好朋友。"

"还有我妹妹小佑。"

"对,我们永远都是好朋友。"

三个好朋友看着彼此,情不自禁地笑了。

老师说

话说得多就一定是好事吗？看看夏小佐的经历，你就明白了。好的表达不在于说得多不多，而在于能不能说到点子上。如果像夏小佐那样，只会耍贫嘴，却没有一句话说到人家心里去，不但起不到沟通交流的作用，还会让人觉得很烦，是行不通的。

故事4

冷冰冰的大石头

周六下午,夏小佐和夏小佑游泳回来累坏了,像两个软软的大面团一样,瘫在沙发上。夏小佐打开电视,漫无目的地按着遥控器。突然,他尖叫着坐了起来:"哇!这不是我最喜欢的喜剧电影吗?电视上竟然播出了,太棒了,哈哈……"

"这部电影你不是已经在电影院里看过了吗?"

"我还没看过瘾呢!"

夏小佐话音刚落,门铃响了,是贾博来了。

"快来看看这部电影,保证让你笑掉下巴。"夏小佐拉着贾博坐在沙发上。

贾博说:"我是想问问你,明天的足球比赛是早上8点开始吗?"

夏小佐根本没听见,目不转睛地盯着电视,只顾着哈哈大笑。

"你先等一下再看,"贾博说,"明天咱们坐几路车过去?需要带什么东西?我几点在小区门口等你?"

贾博说了一大串问题,可夏小佐满脑子都是电影,一句也没听见。贾博被激怒了,脸色通红,火山就要爆发了!夏小佑觉得情况不妙,赶紧提醒夏小佐:"哥哥,贾博跟你说话呢!"

"嘻嘻……哈哈……"

夏小佐看得正入迷,还是没听见。

"太气人了!"贾博实在忍不住了,怒气冲冲地站起来冲到门口。夏小佐竟然一点儿反应都没有。

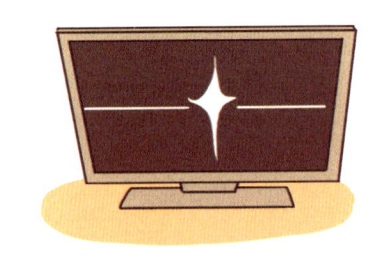

"哥哥！贾博被你气走了！"夏小佑一气之下关掉了电视。

"怎么关了？快把遥控器给我！"夏小佐去抢遥控器，夏小佑气愤地说："贾博走啦！"

"啊？"夏小佐这才回过神儿来四处看了看，吃惊地说，"刚才不是坐在沙发上吗，怎么不声不响就走了呢？"

"你光顾着看电视了，人家问你话你也不搭理，就被你气走了，快去把他追回来吧。"

"好好！马上就去！"夏小佐意识到了事态的严重性，立刻开门下楼，追上贾博抱歉地说："你刚才跟我说什么？我真的没听见。走，我请你吃冰激凌。"

夏小佐死皮赖脸地把贾博拉回家里，拿出冰激凌笑嘻嘻地说："**你刚才说什么了？**"

"我说了那么多，你竟然一个字也没听见，当我是空气吗？"贾博气得呼哧呼哧喘粗气。

"就是，"夏小佑说，"贾博是来和你商量明天足球比赛的事，可你看起电影来简直就是一块冷冰冰的大石头。他问了你那么多问题，你一个也不回答，我都被你气到了。"

"**我以后再也不这样了。**"夏小佐知道自己理亏，说话的声音都比平时小了很多。

贾博的气消了，又把刚才的那些话重新说了一遍。这一次，夏小佐有问有答，和贾博聊得特别开心。

临走的时候，贾博对夏小佐说："幸亏你有个好妹妹，要不然我们连朋友也做不成了。"

"**那是**，我妹妹是天底下最好的妹妹。"夏小佐自豪地看着夏小佑，忽然觉得自己**好幸福啊**！

老师说

如果你是贾博，遇到这样的事情，你会生气吗？我想肯定会的。不管和谁交谈，在别人说话的时候，我们都要认真倾听，并且及时做出回应，这样谈话才能继续下去。千万不要学夏小佐，变成冷冰冰的大石头！

故事 5

一项光荣而又艰巨的任务

夏小佐获得了全区小学生运动会的短跑冠军。冠军的奖励不是奖金或者奖品，而是一项光荣又艰巨的任务——作为**特派小记者**，去采访本市的奥运冠军婷婷姐姐。

婷婷姐姐是乒乓球冠军。夏小佐经常在电视上目睹她的风采，还是她的**忠实小粉丝**呢！一听到要去采访婷婷姐姐，夏小佐激动得三天三夜都

睡不着觉了。

夏小佑提醒他:"别光顾着激动了,还是好好想想见到婷婷姐姐,要问什么吧。"

夏小佐拍着胸脯说:"放心吧,我可是见过大场面的人,这种事还能难倒我?我早就准备好了。"

盼星星,盼月亮,终于盼到了采访的那天,夏小佐兴冲冲地敲开了婷婷姐姐的门。

一看见那张既熟悉又有点儿陌生的笑脸,夏

小佐突然紧张得说不出话了。婷婷姐姐把他请到客厅里，两个人面对面坐着。夏小佐深深地吸了一口气，努力让自己的心平静下来，按照之前准备好的采访提纲，打开了话匣子。

"婷婷姐姐，你是从几岁开始打乒乓球的？"

"5岁。"

"你喜欢乒乓球吗？"

"喜欢。"

从婷婷姐姐的回答中，可以看出她不太爱说话。不管夏小佐问什么，她只用两三个字回答。而夏小佐在大明星面前，不敢随便乱说话，显得

特别拘谨。访谈的气氛越来越冷清，让夏小佐很不自在，准备的那一堆问题，很快就忘了一大半。

怎么办呢？这样下去，两个人很快就会陷入非常尴尬的境地，没办法继续采访了。

夏小佐急得团团转，两只眼睛不自觉地在房间里扫了一圈。忽然发现书架上有两个卡通人偶，一个是海绵宝宝，另一个是派大星。他们都是动画片里的人物，夏小佐也非常喜欢他们。于是，他鼓起勇气说："婷婷姐姐，你也喜欢看《海绵宝宝》吗？"

"嗯，"婷婷姐姐的眼睛突然亮了起来，"这

是我最喜欢的一部动画片,没有比赛的时候,我经常在家里看。在比赛期间,我也是用它放松精神的。"

哈哈,终于找到共同话题了。夏小佐喜出望外,赶紧追着问:"你最喜欢里面的哪个人物?"

"呆萌呆萌的派大星、永远能给人带来欢乐的海绵宝宝、爱财如命的蟹老板、总是装作很清高的章鱼哥、为了得到蟹堡王秘方而不择手段的痞老板,我全都喜欢。"

一说到这部动画片,婷婷姐姐的眼睛闪闪发光。说到好玩的情节,她竟然从沙发上站起来手舞足蹈,快乐得像个小孩子一样。夏小佐也完全放松了下来,两个人像认识了好长时间的好朋友一样,从动画片聊到婷婷姐姐小时候学习乒乓球的趣事,两个人一边说一边笑,不知不觉聊了整

整半天。要不是邻居家传来的饭香,他们都没意识到时间已经到中午了。

临走的时候,婷婷姐姐对夏小佐说:"和你聊天非常愉快,这是我做得最轻松最愉悦的一次访谈,**谢谢你**。"

为了表达感激之情,婷婷姐姐把自己使用过的乒乓球拍送给夏小佐,并在上面签上了自己的名字。

"这是给我的吗？"夏小佐活泼好动，从小就喜欢体育运动，他做梦都想得到体育明星签名的礼物，没想到这么快就梦想成真了。他兴奋得瞪大了眼睛，简直不敢相信这是真的。

婷婷姐姐点点头说："就是送给你的，快回家吧！"

"哇，像做梦一样。婷婷姐姐，再见。"夏小佐捧着球拍飞奔下楼，一边跑一边喊，"这是婷婷姐姐送给我的球拍。这是婷婷姐姐送给我的球拍。"

"真是一只快乐的小猴子。"婷婷姐姐在窗户里看着，情不自禁地笑了。

老师说

　　每个人都有自己感兴趣的东西，如果你在和别人交谈的时候，能够找到两个人都很感兴趣的话题，那么交谈就会十分顺畅愉快。如果暂时没有发现共同感兴趣的话题，可以试着从对方感兴趣的话题寻找突破口，让交谈顺畅地进行下去。